DIVIRTIÉNDONOS CON EL
VIDRIO

EDICIÓN PATHFINDER

Por Macon Morehouse y Patrick McGeehan

CONTENIDO

Cocinando con vidrio

Por Macon Morehouse y Patrick McGeehan

¿Fuerte pero rompible?
¿Transparente pero sólido como una pared?
Descubre los secretos —y la ciencia— detrás de una de
las más bellas y útiles sustancias de la Tierra: el vidrio.

Una ráfaga de calor te da la bienvenida al ingresar a la fragua. Te sientes como si estuvieras parado al borde de un volcán. Dentro de una caldera, u horno, hay una masa viscosa y derretida que brilla como la lava. Brota como la miel.

Perfecto. ¡Estás cocinando! Pero no se trata de una receta común. Cuando la masa viscosa se enfríe y endurezca, verás uno de los materiales más bellos y útiles de la Tierra: el vidrio.

Esta fragua pertenece a Dale Chihuly, un artista famoso por sus hermosas esculturas de vidrio. Aquí los sopladores de vidrio moldean cuidadosamente el vidrio dándole forma de globos, adornos y remolinos. Chihuly usa las piezas para hacer creaciones u obras de ensueño que tienen los colores del arco iris. Puedes ver una desde un puente cubierto con vidrio en Tacoma, Washington. Mira hacia arriba. El techo del puente parece un mar de medusas de vidrio.

Contando vidrio

Ahora observa alrededor tuyo. Cuenta todas las cosas que ves y que están hechas de vidrio. ¿Estás mirando a través de una ventana? ¿Sorbiendo agua de un vaso de vidrio? ¿Encendiendo una bombilla de luz?

Mira bien tu televisor, computadora, teléfono celular —incluso tu patineta. Sí, todos ellos tienen partes de vidrio. El vidrio es tan útil que es difícil imaginarse la vida diaria sin él.

El vidrio también puede conectarnos a mundos grandes y pequeños. Los lentes de vidrio en los telescopios nos permiten observar el espacio lejano. Las fibras de vidrio transmiten miles de señales de teléfono, televisión e Internet a nuestros hogares. ¡Cada fibra es tan delgada como un cabello! Y luego hay cosas demasiado pequeñas como para verlas a simple vista —es decir, hasta que las ves a través del lente de un microscopio hecho de... lo adivinaste: vidrio.

Vidrio hermoso. *El artista Dale Chihuly hace que el vidrio fluya en formas impresionantes.*

Red de vidrio. *Las finas fibras de vidrio transmiten datos por teléfono, televisión y computadora.*

La ciencia del vidrio

¿Cómo puede el vidrio hacer tantas cosas? Es porque es uno de los materiales más **versátiles** del mundo. El vidrio puede ser frágil o fácil de romper: ¡ten cuidado con el vidrio destrozado o roto! Y sin embargo, el vidrio puede ser lo suficientemente duro como para protegerte del viento y la lluvia. Incluso puede ser más fuerte que el acero. El vidrio enfriado es duro al tocarlo. No obstante, caliéntalo y puede tomar distintas formas.

¿Qué atrajo a Chihuly al vidrio? "Es el material más misterioso y mágico de todos", dice. Recuerda el asombro que sintió al ver la luz que destellaba a través de un vitral. "Cuando miras el vidrio", dice, "en realidad estás mirando la luz".

Se necesita creatividad para imaginar todas las cosas que puedes hacer con el vidrio. Para cocinar realmente con vidrio, necesitas ciencia. Empieza con la **física** y esta pregunta: ¿Cómo es que el vidrio permite que pase la luz a través de él? El secreto está en el **estado de su materia**.

Colores nítidos. *La luz de los vitrales crea patrones llenos de color.*

Una pizca de física

En cierta manera, el vidrio es como un sólido porque es rígido al tacto y duro como una roca, y su forma no cambia. Pero el vidrio también puede comportarse como un líquido. ¿Recuerdas ese borbotón de masa viscosa? Fluye fácilmente y cambia de forma.

Esto es lo más raro: incluso cuando el vidrio se enfría y endurece, sigue actuando como un líquido. No fluye, digamos, como el agua. La similitud se encuentra en el interior del vidrio, en pequeñísimas partículas invisibles llamadas **átomos.**

En los sólidos, los átomos se agrupan ajustadamente en patrones ordenados y regulares. Son como fanáticos del deporte bien educados que se sientan en hileras perfectas durante un partido. Ahora imagina que llegó el fin del partido y todos los fanáticos se esparcen por el estacionamiento. Están en un área contenida, pero están dispersos o separados unos de otros. Así son los átomos de un líquido.

De caliente a frío

A medida que el vidrio se derrite, los átomos se vuelven tan activos y dispersos como los fanáticos del deporte en movimiento. Sin embargo, a medida que el vidrio se enfría, los átomos corren para adoptar el patrón regular de un sólido, ¡pero no alcanzan a hacerlo! El vidrio se endurece demasiado rápido, y los átomos quedan atrapados en su lugar. Siguen dispersos. No están agrupados ajustadamente. Entonces, queda espacio entre los átomos dispersos. Esto permite que pase la luz.

Como el vidrio endurecido actúa como un sólido y un líquido, los científicos tienen nombres especiales para él. Algunos lo llaman *líquido súper enfriado.* Otros lo llaman *sólido amorfo:* un sólido sin una forma definida propia. Chihuly sólo lo llama *fascinante.*

Equipo de seguridad. *Esta persona usa ropas especiales para verter el vidrio caliente.*

Una pizca de química

La física ayuda a explicar lo que es el vidrio. También lo hace la **química**. Al igual que un chef, un artista del vidrio tiene que mezclar y cocinar justo los ingredientes correctos para preparar un lote perfecto de vidrio.

Primero viene la sílice, un tipo muy puro de arena. Chihuly dice que todavía le asombra pensar que el vidrio está hecho "del material más común del mundo". ¡Pero, espera! No es tan fácil. Se necesita fuego calentado a casi 2.000°C (3.600°F) para derretir la sílice. ¡Esa es una temperatura altísima!

Luego, añade un polvo llamado bicarbonato de sodio. Está hecho de un tipo de sal o de las cenizas de las plantas. La El bicarbonato de sodio ayuda a la sílice a derretirse a 1.200°C (2.200°F). Incluso a esa menor temperatura, el horno es todavía cuatro veces más caliente que un horno para pizza. El bicarbonato de sodio, sin embargo, crea un nuevo problema. Debilita el vidrio y permite que se disuelva, o ablande, en el agua. ¡Imagínate tratar de beber de un vaso de vidrio así!

Se necesita un tercer ingrediente para hacer que el vidrio sea fuerte y resistente al agua: un polvo similar a la tiza llamado cal. El vidrio hecho con bicarbonato de soda y cal es el tipo de vidrio más común. Se usa para hacer ventanas, bombillas de luz, frascos y el arte de Chihuly.

Condimentando con color

Ahora puedes añadir unos ingredientes adicionales. ¿Quieres colores? Intenta añadir algunos tipos distintos de metales. El oro hace que el vidrio se ponga rojizo, mientras que el hierro le da un color verde pálido. Para lograr un tono azul marino, los artistas del vidrio usan una sustancia llamada cobalto.

Quizás quieres un vidrio transparente con brillos y destellos. Aunque no lo creas, eso es lo que lograrás si añades plomo a tu mezcla de vidrio. Esa receta crea un cristal fino que resplandece como un diamante brillante y sin imperfecciones.

Para hacer al vidrio extra fuerte, puedes añadir aún otra sustancia llamada boro. El vidrio con boro no se resquebraja cuando cambias rápidamente su temperatura pasándolo de una superficie fría a un horno caliente o viceversa. Eso hace que el vidrio con boro sea un recipiente perfecto para hornear bizcochos de chocolate. ¡Esa receta sí que es sabrosa!

Ahora cocinemos

Luego de combinar todos los ingredientes, es hora de cocinar la mezcla de vidrio. El calor alto hace que todos los ingredientes sólidos se conviertan en un líquido derretido. Los ingredientes pueden tardar hasta 24 horas en derretirse y convertirse en una masa viscosa y espesa. Finalmente, ha llegado el momento de transformar esta masa viscosa en arte.

Regresemos a la fragua de Chihuly. Observa mientras el soplador de vidrio remoja un tubo hueco de metal en el horno y recoge un poco de vidrio derretido. Sopla y gira, sopla y gira. El vidrio en el extremo del tubo se infla como una burbuja, como si fuera un globo de goma de mascar. A medida que se enfría, se vuelve más viscoso o más espeso. Fluye más lentamente. Ahora el vidrio es como un caramelo pegajoso y elástico.

El vidrio se está poniendo más difícil de moldear. Pero la pieza todavía no está terminada. El soplador de vidrio la desliza en el hoyo de recocción, una pequeña abertura en el horno. El calor intenso vuelve a ablandar el vidrio. Ahora está lo suficientemente elástico como para seguir soplándolo y moldeándolo. ¡Qué trabajo tan duro!

El enfriamiento

La pieza ya está casi terminada. Tiene la forma exacta. Para el paso final, la obra de vidrio ingresa a un horno que está a unos 480°C (900°F). El horno y el vidrio se enfriarán lentamente hasta llegar a temperatura ambiente. El vidrio se volverá rígido y duro. No te saltees este paso. Si el vidrio caliente se enfría demasiado rápido, ocurre un desastre. ¡Explota!

Incluso los mejores sopladores de vidrio encaran este problema. "¡Ni me hables de ello!" dice Chihuly. Está bromeando —más o menos. Lo que sucede es que recientemente trabajó con un excelente soplador de vidrio de Italia. Hicieron dos bellas esculturas de vidrio. "¡Las enfriamos demasiado rápido y se rompieron!" dice Chihuly.

Generalmente una pieza de Chihuly debe dejarse enfriar de un día para otro. Mientras más grande la pieza, más tiempo demora. En la década de 1930, la compañía Corning Glass hizo un espejo de vidrio para un telescopio gigante en California. ¡El espejo medía 5 metros (17 pies) de ancho y tardó diez meses en enfriarse!

Arte flotante. *Bolas, flores y tallos retorcidos de vidrio transforman un bote en un mar de colores.*

Una ventana al vidrio

Las personas no han dejado de empujar los límites de lo posible desde que crearon el vidrio, hace 5.000 años. ¿Podía usarse para hacer cosas más grandes, más fuertes, más delicadas o más útiles? Sí, el vidrio podía hacer todo eso, ¡y mucho más! Con el tiempo, el vidrio ha cambiado la manera en que vivimos.

Hasta el primer siglo a.C., las piezas de vidrio se hacían lenta y laboriosamente. Se podía tardar varios días para hacer una sola botella de vidrio. Luego los romanos desarrollaron una manera de soplar vidrio y, de pronto, el vidrio se convirtió en parte de la vida diaria. Los sopladores de vidrio hicieron tazas, recipientes de alimentos y frascos para perfume. Hasta fabricaron urnas de vidrio para guardar las cenizas de los muertos. No era necesario ser rico para tener estos artículos de vidrio.

Los romanos también descubrieron cómo hacer ventanas. Por primera vez, la gente podía estar adentro, protegerse del mal clima y ver hacia afuera. La idea se propagó. Al inicio, sólo los ricos podían tener ventanas. Durante siglos, fue necesario visitar la villa de una familia rica, un castillo o una iglesia para poder mirar a través de una ventana.

Hoy en día, las ventanas y otros artículos de vidrio, como las bombillas de luz, se producen en masa, o en grandes cantidades, en las fábricas. Eso los hace menos caros. Están al alcance monetario de mucha gente. Podemos iluminar los rincones oscuros de nuestros hogares. Incluso podemos leer en la cama -¡shhhh! debajo de las sábanas. Nuestras casas, escuelas y automóviles tienen ventanas de vidrio. Algunos rascacielos están casi completamente envueltos en vidrio. ¡Qué buena vista, adentro y afuera!

Empujando los límites

Los científicos y artistas llevan el vidrio hasta los límites. ¿Cómo? Haz un viaje al Museo de Niños de Indianápolis. Encontrarás una torre retorcida del color de los dulces que se eleva 13 metros (43 pies) en el aire. Pesa 8.165 kilogramos (9 toneladas). Encima de la torre flota un techo lleno de formas giratorias. Se usaron 5.000 piezas de vidrio para crear los *Fuegos artificiales de vidrio* de Chihuly, una de las esculturas de vidrio más grandes del mundo.

¿Puedes imaginarte caminando en una acera de vidrio observando un abismo inferior? Visita la acera aérea del Gran Cañón. Observa hacia tus pies y verás el río a 1,2 kilómetros (casi una milla) de distancia. Te sostiene sólo una superficie de vidrio transparente, de ocho centímetros (tres pulgadas) de espesor. O visita un zoológico donde tan sólo una lámina de vidrio te separa de los tigres. ¿Quién está mirando a quién?

El vidrio también mantiene seguros a los astronautas. Un revestimiento especial de vidrio evita que el transbordador espacial se queme al atravesar el cielo a toda velocidad. ¡Ese sí que es un uso del vidrio que supera todas las fronteras!

¿Qué inventarán ahora los científicos? Imagínate sumergirte profundamente en el océano en un submarino de vidrio. ¿No serían impresionantes las vistas submarinas? ¡O volar en un avión con alas de vidrio! La ropa hecha de fibras de vidrio podría hacerte casi invisible. ¿Te parecen poco realistas estas ideas ? Pues no lo son. El vidrio es un material antiguo, pero sin duda alguna, ¡todavía seguimos cocinando con él!

Vidrio de todos los días.
Los antiguos romanos hacían estos recipientes de vidrio.

Globo de vidrio. *En el Mapparium de Boston, un globo de vidrio de tres pisos de altura te permite ver el mundo de una manera completamente distinta.*

Vocabulario

átomo: parte más pequeña de una sustancia que tiene todos los rasgos de esa sustancia

estado de la materia: propiedad física que describe una sustancia como un sólido, líquido o gas

física: estudio de las fuerzas y de cómo cambian la forma y el movimiento de un objeto

química: estudio de la estructura de las sustancias y de cómo cambian

versátil: que puede usarse de muchas maneras distintas

Vidrio en las alturas del cielo. *Este rascacielos imponente se ve envuelto en vidrio. ¡Imagínate la vista desde el piso de arriba!*

EL VIDRIO
EN LA NATURALEZA

Observa el mundo alrededor tuyo. ¡El vidrio está en todas partes! El vidrio fabricado por la gente se usa todos los días. Pero, ¿sabías que la naturaleza también hace vidrio? El calor elevado de los meteoros, los rayos y los volcanes pueden convertir la arena en vidrio.

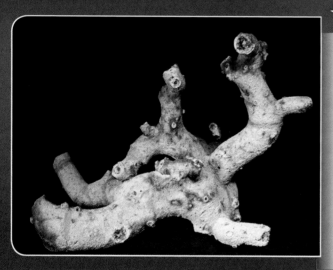

¡ZAP!

Cae un rayo. Si cae en un desierto o en una playa, el calor puede derretir la arena y crear algo llamado fulgurita. También se lo conoce como rayo petrificado. Las fulguritas se parecen a ramas huecas de árbol. Son arenosas por fuera, pero si observas dentro verás vidrio brillante. Pero ten cuidado porque las fulguritas pueden ser frágiles. Si las tocas, pueden desmoronarse.

¡PUM!

Un meteorito, o pedazo de roca espacial ardiente, choca contra la Tierra. Los científicos piensan que el calor producido durante estas colisiones puede producir vidrio. Han hallado discos de vidrio con la forma de botones, llamados tectitas, al menos en cuatro lugares de la Tierra. Las tectitas más antiguas que se conocen, tienen 35 millones de años de antigüedad y se descubrieron en Texas.

¡BAM!

Un volcán hace erupción y fluye la roca caliente y líquida. Luego se enfría rápidamente. ¿Qué sucede si parte de esa roca tiene mucha sílice o arena? Puede convertirse en vidrio. Este tipo de vidrio se llama obsidiana, y con frecuencia es brillante y negra. Los amerindios usaban la obsidiana para hacer herramientas y armas, como puntas de flechas.

El vidrio
brillante

Empieza a cocinar con vidrio para responder estas preguntas.

1 ¿Por qué el vidrio es tan importante para la vida diaria?

2 ¿En qué forma el vidrio es como un sólido *y* un líquido?

3 ¿Cómo se hace el vidrio? Menciona los pasos en orden.

4 Hoy en día, los artículos de vidrio se producen en masa. Define lo que es la *producción en masa*.

5 Describe tres tipos de vidrio creados por la naturaleza.